ドン・ボスコ
若者にささげた生涯

ドン・ボスコ社

ドン・ボスコが生まれた後、移り住んだ家。イタリア北部ピエモンテ州カステルヌオヴォ・ドン・ボスコ（旧ベッキ）にある。奥に見えるのはドン・ボスコ記念大聖堂。

ドン・ボスコが洗礼・堅信・初聖体を受けたカステルヌオヴォの教会。神学生になる着衣式も行われた。

ピナルディの家の絵。1846年4月、ここからドン・ボスコの事業が始まる。

トリノ・ヴァルドッコ地区にある聖フランシスコ・サレジオ聖堂。サレジオ会の霊性の源泉といえる場所。ここで毎朝ドン・ボスコは若者にゆるしの秘跡を授け、母マルゲリータや若者たちと共に祈り、ミサをささげた。

1861年、ドン・ボスコを写した最も古い写真。46歳の頃。

1861年、告解を聞くドン・ボスコ。告白している少年は後のサレジオ会第3代総長パオロ・アルベラ。

1865〜68年、50歳の頃。

1870年、オラトリオのブラスバンド。ドン・ボスコは「音楽のない学校は、魂のない体のようなもの」と言うほど、音楽や演劇を大切にした。

「DA MIHI ANIMAS CAETERA TOLLE」(ラテン語)とは、「わたしに魂を与え、そのほかは取り去りたまえ」という意味。ドン・ボスコのモットー。

イタリア・トリノ・ヴァルドッコ地区に1868年、ドン・ボスコによって献堂された扶助者聖マリア大聖堂。サレジオ家族の中心地。

扶助者聖マリア大聖堂内。正面祭壇奥に「扶助者聖マリア」の絵が見える。

扶助者聖マリア大聖堂内にあるドン・ボスコの墓。

もくじ

11　9歳の夢

15　野原での曲芸

18　兄との対立

19　農家で働く

20　決定的な出会い

23　毎日10キロメートルの道を

24　「ドン・ボスコ」となる

24　地下牢の黒い壁

27　「ぼくはバルトロメオ・ガレッリです」

30　移動オラトリオ　病院から墓地へ

ドン・ボスコ
若者にささげた生涯

34　ドラムと警官たち

37　二人の神父が精神病院に

41　見習い少年たちの奇跡

43　500人の子どもたちに一人のお母さん

45　「ぼくはみなし子で、バルセジアから来ました」

49　廊下で靴屋　台所で仕立て屋

53　神が送った犬

57　トリノの道ばたに死の訪れ

60　大きな計画の実現

68　ドン・ボスコ　年譜

一人の少年がいた。名前は、ジョヴァンニ[*1]・ボスコといった。父フランチェスコはジョヴァンニがわずか1歳半のときに亡くなり、残された母マルゲリータは、一人でジョヴァンニを育ててきた。マルゲリータは、神を大切にし、広い心になるようにと息子に教えていた。

　ある日ジョヴァンニは、血まみれの腫れぼったい顔をして家に帰ってきた。棒打ち遊びをしていたとき、木の枝が顔に強く当たったのである。マンマ[*2]・マルゲリータは手当てをしてやりながら、心配して言った。

「いつかお前は、目をつぶして帰って来るんじゃないかしら。どうしてあの子どもたちと一緒に行くの？　もっとおとなしくてよい子を知っているでしょう。」

「お母さんを安心させるためなら、ぼくはもう行かないよ。だけどね、ぼくが一緒にいるとき、あの子たちはもっといい子になるんだ。」

マンマ・マルゲリータはため息をつきながらも、ジョヴァンニが行くのを許すのだった。

母マルゲリータ

---

*1　「ヨハネ」をイタリア語では「ジョヴァンニ」という。
*2　「お母さん」をイタリア語では「マンマ」という。

ドン・ボスコ　若者にささげた生涯

9歳の夢

　それから数年後のある晩、少年ジョヴァンニは夢を見た。何年か後に彼自身、その夢を語っている[*3]。

　9歳のとき、わたしは夢を見ました。頭に焼きついていて、一生涯忘れることのない夢です。家の近くの、とても広い庭にいるような感じでした。そこには大勢の子どもたちが遊んでいました。はしゃいだり、勝負ごとに打ち興じたりしていたのです。冒瀆の言葉を口にしていた者も大勢いました。そういう言葉を耳にしたとたん、わたしは子どもたちの中に飛びこんで行き、どなりつけて、力ずくで黙らせようとしました。そのときです。立派ななりをした、威厳のある男の人が現れたのです。全身を白いマントで覆い、顔は見つめることができないほどまぶしく輝いていました。この方はわたしを名指しで呼び、子どもたちの前に出てくるように命じて、次のように言われました。

　「げんこつはいけない。柔和と愛をもってこの子どもたちの友達になるのだよ。さあ、罪がどんなに醜いか、徳がどんなに尊いか、この子たちに今すぐ教えてあげるがよい。」

　すっかりとまどい、怖くなっていたわたしは、自分が貧しくて無知な子どもにすぎず、この腕白どもに宗教の話をするなんてできるはずがないと答えました。その瞬

[*3] ジョヴァンニ・ボスコ著『オラトリオ回想録』より。

11

間、子どもたちはけんかや騒ぎや冒瀆の言葉をやめ、話
しておられたこの方のまわりに集まってきたのです。

　何を口走っているのかもわからずに、わたしは尋ねま
した。「そんなできそうもないことをぼくに命じられるな
んて、いったいどなたさまですか?」

　「できそうもないと思われるからこそ、君は、従順によ
って、また、知識を身につけることによって、これらの
ことができるようにならなければいけないのだよ。」

　「どこで、どうやって知識を身につけたらよいのです
か?」

　「君に女の先生をつけてあげよう。この先生の指導を
受ければ、君は賢くなれる。でなければ、どんな賢さ
も愚かさに変わってしまうのだ。」

　「そうおっしゃるとは、いったいどなたさまですか?」

　「日に3度あの婦人に挨拶するよう君はお母さんから
教わっているだろう。わたしはその婦人の息子なのだ。」

　「母に断らずに、知らない人とつきあってはいけないと
母から言われています。お名前を教えてください。」

　「わたしの名前なら、わたしの母に尋ねなさい。」

　このとき、この方のかたわらに、気高い姿の女の人が
いるのに気づきました。身につけているマント全体が輝
いており、一つひとつの部分がきらめく星でできている
かのようでした。わたしがどきまぎしながら質問したり答
えたりしているのを見て、この女の人は自分のほうに近
寄るよう合図し、やさしくわたしの手を握って、「ごらん
なさい」と言われました。見ると、あの子どもたちの姿

ドン・ボスコ　若者にささげた生涯

は消えていました。そして、かわりに、数多くの子山羊、犬、猫、熊、その他多くの動物がいたのです。

「これが、あなたの持ち場、あなたの働くべき分野です。謙遜で、強く、たくましい人になりなさい。今、この動物たちに何が起こるかを見せてあげましょう。それと同じことを、わたしの子どもたちのために、してあげてほしいのです。」

9歳のときに見た夢

そこでわたしが目を転じると、どう猛な動物たちが同じ数のおとなしい小羊たちに変わっており、飛びはね、走りまわり、鳴き声をたてながら、うれしそうに例の男の方と女の方をとりまきました。

事ここに至って、夢の続きですが、わたしは泣きだしてしまい、出来事の意味がつかめないので、もっとよくわかるように説明してほしいと願いました。

すると、例の婦人はわたしの頭に手を置き、「そのときが来れば、すべてがわかります」と言われました。この言葉を耳にしたあと、物音で目が覚めました。

わたしはぼう然としていました。なぐりつけた手の痛さ

13

ジョヴァンニの寝室。ここで9歳のとき一生を示す夢を見た。

と、なぐり返されたほほの痛さがまだ残っている感じでした。

日の光が窓を打ち、起きてきた家の人たちの物音が、下から響いてきた。ジョヴァンニはベッドから飛び起きて、急いで朝の祈りを唱えると、台所に走り下りた。そこには母と祖母と、二人の兄、アントニオとジュゼッペがいた。アントニオは、父の先妻[*4]の子であった。ジョヴァンニは黙っていることができずに、夢の一部始終を一気に語り終えた。兄たちは吹き出してしまい、こう言った。

「お前はきっと、羊飼いにでもなるんだろうよ！」とジュゼッペはからかった。

「山賊の頭になるってことよ！」とアントニオはにべもな

[*4] 父フランチェスコの先妻は、アントニオが3歳のときに病死してしまった。

14

く言い捨てた。

　反対に、マンマ・マルゲリータは、まじめに受けとめ、賢く心の広いわが子をじっと見て、言った。

「ひょっとすると、司祭になるかもしれないわね。」

　しかし、祖母はイライラした様子で、杖を土間に突きさしてつぶやいた。

「夢など信用するもんじゃないよ。さ、とにかく朝ごはんにしようよ。」

　祖母の意見にもかかわらず、ジョヴァンニはいつも夢のことを思い返していた。神を冒瀆していた悪童どものこと、たくさんの獣たちが小羊に変わったこと、そして母の言った、「ひょっとすると、司祭になるかも……」という言葉を。近くの家に、また、村のあちらこちらに住んでいるこれらの少年たちの何人かを、ジョヴァンニはすでに知っていた。彼らのうちの数人は立派な少年たちだったが、なかには横暴で、無知で、冒瀆の言葉を吐く者たちもいた。どうしたら、この腕白な少年たちと友達になれるだろうか。

野原での曲芸

　曲芸師のラッパが近くの丘に鳴り響いてきた。村の守護聖人のお祭りの日である。手品の種や曲芸の秘密を「学ぶ」決心をしたジョヴァンニは、見世物小屋の最前列に場所を取るために、お金を払った。

　家に帰ると、自分でも、何度も転げ落ちながら綱渡りを

丘と畑と牧草地が広がるカステルヌオヴォ・ダスティの風景。丘の上に教会が見える。

やってみたり、火の上で煮えたぎっている鍋から生きた鶏を取り出す練習をしてみた。何か月もの間練習を辛抱強く重ね、ときには綱から真っさかさまに落ちたりすることもあった。

ある日の夕方、ジョヴァンニは友達に、最初の曲芸を見せると告げた。草の上に何枚もの袋を伸ばして敷き、鼻の先で油のびんや鍋をバランスをとりながら吊るす不思議なわざをして見せる。見物している子どもに口を開けさせ、その中から色とりどりの10個の小さい玉を取り出した。それから「魔法の杖」で、びっくりするようなことをやり始めるのだった。

曲芸の真っ最中に、兄アントニオが畑から帰ってきた。アントニオは、かついでいた鍬を地面に投げつけるやいなや、どなりつけた。

16

ドン・ボスコ　若者にささげた生涯

「おい、ピエロ野郎！　なまけ者め！　おれが畑で骨折って働いているのに、お前は見世物になっているのか！」

　ジョヴァンニは見世物を中止したが、そこから200メートル離れた木立でふたたびやり始めた。そこなら、アントニオに見えないので安心してできた。

　ジョヴァンニは「変わった」曲芸師だった。最後の曲芸を始める前に、ポケットからロザリオ[*5]を取り出し、ひざまずいて、みんなで一緒に祈るように勧めるのだ。あるいは、日曜日の朝教会で聞いた説教を繰り返す。これが、子どもにも大人にも支払ってもらう、小さな曲芸の見物料、寄付だった。

　それから2本の木に綱を張り、その上に登って、両手を広げて綱渡りをする。その姿はまるで、神から送られてきた数多くの天使たちが、すべり落ちないように彼を支えているかのようだ。そして不意の静けさの後、友達から熱狂的な拍手がわき起こる。

　しかし、天使たちは、梨の木と桜の木の間にかけた綱から、この少年曲芸師が落ちないように支えるために神から送られたのではない。健康でしっかりした人物に成長し、いつの日か、多くの説教壇の上から説教することになるために、神から送られたのだ。

[*5] ロザリオ：カトリック教徒が繰り返し祈りを唱える際に用いる数珠状の道具。

17

兄との対立

　1824年から1825年の冬にかけて、9歳のジョヴァンニは、小学校1年生として学校に通った（先生はラックア神父だった）。当時、学校は11月3日に始まり、3月25日に終了した。2年生としては、1825年から1826年の冬に通った。マンマ・マルゲリータは翌年の冬、ジョヴァンニを3年生にも通わせたかったが、アントニオは激しく反対した。

　「なんでこんな時間つぶしをする必要があるんだ？　読むことができて自分の名前が書ければ十分だ。ジョヴァンニもおれみたいに鍬をかつぐんだ。」

　ある日、ジョヴァンニが食卓の自分の皿のそばに本を置いていたことから、ものすごいケンカが起こった。11歳のジョヴァンニは、17歳のアントニオからひどく殴られた。こんな状態が続いてはたいへんだと思ったマンマ・マルゲリータは、2月のある朝、ジョヴァンニに、彼の生涯の中でいちばん悲しい言葉をかけた。

　「家を出たほうがましだよ。アントニオはいつかお前にけがをさせるかもしれないから。」

　3人の息子を分けへだてなく愛し育てていたマルゲリータにとって、苦渋の決断だった。

　ジョヴァンニは仕事を探すために、2着の衣類と、2冊の本、そして一切れのパンを入れた小さな袋を持って家をあとにした。11歳半だった。マンマ・マルゲリータは戸口で手を振りながら、さすらいの旅に出るわが子の姿が霧の中に消えていくまで、じっと見送っていた。

ドン・ボスコ　若者にささげた生涯

農家で働く

　ジョヴァンニはモリア家に着くと、しばらく黙って戸口に立っていたが、勇気を出して入った。モリアの家族は麦打ち場に集まっていて、ぶどうの木のための支柱を準備していた。
「何か用かね、坊や」と主人らしい若い男が言った。
「ルイジ・モリアさんを探しています。」
「わたしだが。」
「母が、ここで雇っていただくように、ぼくをよこしたのです。」
「えっ？　こんな小さなお前を家から出したのかね。お前のお母さんはだれかね？」
「マルゲリータ・ボスコです。兄のアントニオがぼくをいじめるんです。それで母さんは、ぼくを雇ってくれる所を探しなさいと言ったんです。」
「かわいそうな子だね。だけど、3月の末までだれも雇わないことにしているのだよ。家に帰ったほうがいい。」
「お願いです。ただでいいからぼくを置いてください。」
　ジョヴァンニはそう頼むと、泣き出した。
　主人の妻ドロテアは同情した。
「雇っておやりなさいよ、ルイジ。何日か試してみたら？」
　ジョヴァンニはモリア家に迎えられ、断られないように、夜明けから夜遅くまで働いた。そして、他の人たちが休んでから、ろうそくに火をともし、ラックア神父が貸してくれた本を読み続けた。牝牛を牧場に連れていくときにも、ジ

19

ョヴァンニは本を手にしていた。主人はとがめなかったが、首をかしげて言った。

「どうしてそんなに本を読むのかね？」

「神父になりたいからです。」

しかし、畑仕事の合間の勉強は、ますます困難になっていった。こうしておよそ3年の月日が経った。

1829年の11月、母方の叔父ミケーレがジョヴァンニに会いに来てくれた。

「ジョヴァンニ、喜んで働いているかい？」

「いいえ、ここの人たちは親切にしてくれるけど、ぼくは勉強したいんです。もう14歳になりました。」

叔父のミケーレは、ジョヴァンニを家に連れて帰った。アントニオは反対したが、激しい討論の末、自分の所有する財産には負担を一切かけないという条件で、ジョヴァンニの勉学を承認した。

決定的な出会い

同じ1829年の11月に、近くのブッティリエラ村で、特別な黙想会（祈りの集い）が行われた。

丘の上から参加した少年たちの中にジョヴァンニもいた。モリアルドの教会付き司祭、70歳のカロッソ神父は、一人離れて歩いているこの少年を見て、尋ねた。

「こんにちは、どこから来たのかね？」

「ベッキからです。神父様たちの説教にあずかりました。」

20

ドン・ボスコ　若者にささげた生涯

ジョヴァンニとカロッソ神父が出会ったモリアルドの教会

「あんなに難しい説教の、何がわかったのかね？」

ジョヴァンニはためらいもなく、まるで本を読んでいるかのように、覚えている説教全部をすらすらと繰り返した。

数日後、ジョヴァンニはカロッソ神父の書斎の机のそばにいた。

「君は記憶力が抜群だね。勉強を始めなければいけないよ。わたしは年寄りだが、できることは全部君のためにしてあげよう。これはラテン語の文法の本だ。クリスマスには、これに取りかかろう。今はイタリア語を完全に復習しなければならない。そしてこれは、黙想の本だ。1日に1ページずつ読んで、それについて反省しなさい。わからないことがあれば、翌日わたしに聞きなさい。神様は君に知恵をくださった。まず第一に、神様を知るためにそれを使わなければいけないよ。ラテン語を全部学んだとしても、神様を

21

愛することを学ばないとすれば、君もわたしも失敗に終わるんだよ。」

この日からジョヴァンニ・ボスコは、毎日短い黙想をすることを覚えた。

1830年9月、カロッソ神父は、マンマ・マルゲリータと相談して、ジョヴァンニを自分の家に引き取った。ジョヴァンニは1週間に一度だけベッキに戻ることになった。彼にとってこの偉大な司祭のもとで生活した日々は、最高にすばらしい月日であった。ジョヴァンニはラテン語の文法を熱心に学び、速やかに進歩した。

ところが、1830年11月の朝、カロッソ神父は突然、脳梗塞に襲われた。ジョヴァンニは知らせを受けて駆けつけ、神父の目を見つめたが、カロッソ神父はもはや臨終の苦悶のうちにあり、その震える手から、意味もわからないまま一つの鍵を受け取った。

カロッソ神父は天に召された。ジョヴァンニは絶望して泣くほかなかった。

死の直前に震える手から受け取った鍵は金庫のもので、開けてみると、6000リラが入っていた。ジョヴァンニは彼の天使であった人のひつぎのそばで問題が生じるのを恐れ、遺族の人に鍵を渡した。

第二の父を失ったジョヴァンニは再び孤独になった。先生もなく、お金もなく、将来のあてもなく、取り残された。絶望のどん底に落ちたのだった。

22

ドン・ボスコ　若者にささげた生涯

毎日10キロメートルの道を

　それでも、どんなにつらくても、ジョヴァンニは勉強を続けなければならない。マンマ・マルゲリータは、あらゆる反対に終止符を打つために、家と畑をアントニオと分けるという苦渋の決断をした。

　ジョヴァンニは強い意欲に燃えて、毎日、ベッキと学校のあるカステルヌオヴォ間の5キロメートルの道を2往復した。雨と風、暑い陽射しとほこりは毎日の道連れとなり、靴をすりへらさないために、足に履かずに肩に背負って、往復するのだった。

　ある晩、疲れて眠っていると、最初の夢に見た谷間が目の前にあった。羊の群れと輝かしい貴婦人をふたたび見た。この方はジョヴァンニに羊の群れをゆだねて、「謙遜で、強く、たくましくなりなさい。時が来ればすべてがわかるでしょう」とふたたび告げた。

ジョヴァンニ直筆のノート。
学生らしい落書きもある。

23

「ドン・ボスコ」となる

1835年、ジョヴァンニ・ボスコは立派な青年となった。勉学とつらい労働にいそしみ、100人もの若者の友人となった彼は、今、20歳になり、生涯の最も重要な決意をして、神学校に入るのである。

ジョヴァンニは、神学校で6年間、真剣に勉学に励んだ。

1841年6月5日、トリノの大司教は彼の頭に手を置き、永遠の司祭として聖別するために、聖霊に祈った。ドン・ボスコ（「ドン」はイタリア語で神父の敬称。「ボスコ神父」という意味）となったのだ。

その夜、マンマ・マルゲリータは、次のような言葉をジョヴァンニに贈った。

「ジョヴァンニ、お前はもう司祭、イエス様により近い者になったのね。でも、これだけは覚えていてほしい。ミサをささげ始めるということは、苦しみ始めることなのよ。これから先は、人びとの救いだけを考えなさい。わたしのことはいっさい気にかけなくてもいいから。」

地下牢の黒い壁

ドン・ボスコには、司祭としての安定した収入が得られる持ち場が用意されていた。しかし、彼は、別の計画をもっていた。少年たちのことである。ドン・ボスコは彼らの状況を学ぶために、トリノに留まって神学の研究をさらに深め

ドン・ボスコ　若者にささげた生涯

ることにした。

　ドン・ボスコの指導司祭は、生涯にわたって彼の友人であり、指導者でもあった、ジュゼッペ・カファッソ神父だった。カファッソ神父は「絞首台の神父」とも呼ばれていた。というのは、時間のあるときには囚人を慰めるために牢獄を訪れ、だれかが死刑を宣告されると、一緒に馬車に乗って絞首台に行き、勇気づけるのだった。

　ドン・ボスコはカファッソ神父のお供をして、刑務所に通い始めた。暗い地下室の、黒く湿った壁の間にいる、悲しげな、また脅迫するような、いくつもの顔に出会った。身震いするほどの嫌悪を感じ、あるときは気を失うこともあった。しかし、彼に最大の苦痛を味わわせたのは、狂乱した目をして嘲笑を浮かべた、若い囚人たちを見たことであった。

　ある日、鉄格子の奥に、まだまだ子ど

カファッソ神父

死刑囚に同伴するカファッソ神父の銅像

25

トリノにあるアシジの聖フランシスコ教会（右の建物）

もと言えるような、若者たちの一団を見たドン・ボスコは、悲痛を覚え、突然泣き出してしまった。

「どうしてあの神父は泣いているんだ？」と囚人たちの一人が尋ねた。

「ぼくたちを愛してるからだよ」ともう一人が答えた。

「ぼくのお母さんも、ぼくがここにいるのを見たらきっと泣くだろう……。」

その日、刑務所から出たドン・ボスコは、堅（かた）く決意した。

「たくさんの若者があそこにいるのは、だれも彼らの世話をしてやらないからだ。彼らを見守り、教えてやらなければならない。どんな苦労をしても、こんなに若い少年たちが牢獄で一生を終えることがないようにしなければならない。わたしはこのあわれな少年たちの救い手になろう。」

ドン・ボスコ　若者にささげた生涯

「ぼくはバルトロメオ・ガレッリです」

　1841年12月8日、無原罪の聖母の祝日、ドン・ボスコは、アシジの聖フランシスコ教会でミサをささげる準備をしていた。
　香部屋（ミサの準備をする部屋）に一人の少年が入って来た。香部屋係は、その少年がいたずらをしに来たのだと思って、棒を振るって追い出そうとした。それを見たドン・ボスコは、押し止めて言った。
　「何をするんですか。その棒を置きなさい！」
　「どうしてですか？　神父さん。」
　「この子はわたしの友達なんですよ。」
　「いったい、いつ友達なんかになったんだろう……。」

アシジの聖フランシスコ教会の香部屋（ミサの支度部屋）。ここでドン・ボスコは少年バルトロメオ・ガレッリと出会った。

香部屋係はぶつぶつ言って、少年を呼び戻した。

少年は泣きながら戻って来た。上着は石灰で汚れている。仕事を求めて、一人で出稼ぎに来た若者だった。少年の親戚は「トリノに行ったらミサにあずかるんだよ」と彼に言い聞かせていた。しかし、彼には上品な服装をしている人たちの間で席に着くのは気が引けた。

ドン・ボスコは、「ミサが終わったら大事なことを話したいから、君を待っているよ」と言い、ミサをささげ終わると、少年を小歌隊席に連れて行き、笑顔で話しかけた。

「もうぼくたちは友達だ。君、名前は何ていうの？」

「アスティ出身の、バルトロメオ・ガレッリです。」

「お父さんは？」

「死にました。」

「お母さんは？」

「死にました……。」

「年はいくつ？」

「16です。」

「読み書きはできるの？」

「いえ、全然。」

「歌うことは？」

「いいえ。」

「口笛は吹けるだろう？」

「ええ、それならできます！」

少年は初めてにっこりした。ドン・ボスコは続けた。

「初聖体は受けたの？」

「まだです。」

ドン・ボスコ　若者にささげた生涯

「ゆるしの秘跡(ひせき)を受けたことがあるかな?」
「はい、でもずっと小さかった頃。」
「カテキズム*6の勉強には出ているかい?」
「出る気がしないんです。だって、ずっと年下の仲間たちがぼくよりよく知っていて、からかうんです……。」
「じゃ、わたしが個人レッスンをしてあげたら、勉強するかい?」
「喜んで。」
「この部屋でもいいかな?」
「はい、でも、ぶたれないでしょうね!」
「安心していいよ。君はもうわたしの友達なんだからね。わたしがかばってあげよう。ところで、いつから始めようか。」
「神父様がお好きなときに。」
「今すぐでもいいかな?」
「ええ、いいですとも。」

ドン・ボスコはひざまずいて、「アヴェ・マリアの祈り」(聖マリアへの祈り)を唱えた。このときこそ、青少年たちへ向けてのドン・ボスコの偉大な使徒職、オラトリオ*7の始まりであった。

4日後の日曜日、バルトロメオは8人の少年を連れてきた。彼らは「ドン・ボスコを求めて」来たのだ。

次の日曜日、ドン・ボスコは説教をしている間、左官屋*8

*6 カテキズム:カトリック教会の教えのこと。
*7 オラトリオ:ラテン語で「祈りの場」という意味。ドン・ボスコは、祈りはもちろん、レクリエーション、勉学、演劇、その他、地域の子どもを対象にしたあらゆる活動の場の名称として、この言葉を使った。
*8 左官屋:建物の壁や床などを、コテを使って塗り仕上げる職種。

の少年4人が互いに寄りかかって居眠りをしているのを見た。説教が、彼らには難しすぎるからであった。ドン・ボスコは彼らを起こして言った。

「わたしと一緒においで。」

少年たちの人数は増えていった。ドン・ボスコは彼らに祈ることを教え、ミサをささげ、彼らのために短い話をした。それは、生き生きとしていて、対話と、効果的な実話と、おもしろい最新の話をまじえたものだった。

次の日曜日には、他の少年たちも来た。貧しい身なりの、しかし、生き生きと目を輝かせた大勢の少年たちが、ドン・ボスコを、その言葉を、その愛情を、求めて来るのだった。

少年たちの一団はますます増えていった。しかし、冬の寒さも増し、激しい雨と雪から、彼らを守ってやらなければならなかった。そこで、最初の集会は、ドン・ボスコが学んでいる司祭研修学院で行った。狭い中庭でゲームに興じ、隣の教会でミサにあずかり、歌とカテキズムを学んでいた。

カファッソ神父はこのオラトリオを承認し、援助してくれたが、他の同僚たちは抗議し始めた。彼らは、この大騒ぎをまったく我慢できなかったのだ。

移動オラトリオ　病院から墓地へ

1844年の夏、ドン・ボスコは司祭研修学院での勉学を修了し、バローロ侯爵夫人によってトリノの周辺地区に開

ドン・ボスコ　若者にささげた生涯

設された、病気の少女たちを収容する病院の指導司祭に任命された。

　こうしてやっと、一つの本拠地ができたので、ドン・ボスコはこれらの少年たちの中で最も賢い者たちに、少し勉強を教えようと考えた。夕方になると、煤で黒くなった顔や石灰で白くなった顔の少年たちの一団が、肩に上着を引っかけ、勉強ができるのを喜んで、彼のところにやってきた。計算の苦手な子が多いので、ドン・ボスコは彼らのための最初の教科書として「メートル法」の本を書いた。

　侯爵夫人はドン・ボスコに、自分の事業だけに専念してほしいので、少年たちを手放すようにと説得しようとした。しかしドン・ボスコが拒否したため、侯爵夫人は腕白少年たちを別の場所に移すようにと願った。

バローロ侯爵夫人が開設した、女子のためのフィロメナ病院。ドン・ボスコはここで働き、祝祭日にはオラトリオを行った。

31

鎖の聖ペトロ教会。1845年5月、1回だけオラトリオが行われた。

　ドン・ボスコは、放置されていた墓地にあった「鎖の聖ペトロ聖堂」に移ることにした。墓地の門をくぐると中に庭があった。担当司祭は友人のテジオ神父である。主任司祭の家政婦は、少年たちの大集団が中庭に大声をあげてなだれ込んで来るのを見て、最初は青ざめたが、やがて怒ってどなり始めた。大声で叫び、棒を振り回して、ドン・ボスコにもののしりの言葉を浴びせた。ドン・ボスコはすぐに少年たちを呼び戻して、引き下がることにした。

　婦人はわれを忘れて、少年たちに向かってどなっている。
　「もう二度とお前たちを見たくないよ、悪党どもめ！」
　残念ながら、この言葉は真実となった。家政婦はその週に急死したのである。

　1845年7月12日、市長の許可で、ドン・ボスコはドーラ川の岸辺の、市の製粉業者団体があったムリーニ付近に

32

ドン・ボスコ　若者にささげた生涯

移動した。しかし、しばらくすると、そこでも近所の人たちが少年の大騒ぎや叫び声のことで苦情を訴え出た。ドン・ボスコは、また悲しい知らせを自分の小さい友人たちにしなければならなかった。

「わたしの愛する子どもたち、また引き上げなければならないんだよ。」

ミケーレ・ルア神父

このムリーニでの短い期間に、ドン・ボスコは黙って自分を見つめている、色白の少年に出会った。8歳の彼の名は、ミケーレ・ルアといった。ドン・ボスコは少年たちにメダイを配ったが、色白のこの子どもはみんなをかき分けたり押したりするのを好まなかったので、彼にはもう一つも残っていなかった。するとドン・ボスコは近づいて、その左手を握り、自分の右手で切るようなしぐさをしながら、にっこりしてこう言った。

「お取り。ミケリーノ、取りなさい。」

少年は見上げたが、わけがわからなかった。何を取るのか、この神父は何もくれないのに。するとドン・ボスコは言った。

「二人で何でも半分こしよう。」

この少年は将来、サレジオ修道会の総長、ドン・ボスコの初代後継者となるのである。

33

ドラムと警官たち

　数か月の間、ドン・ボスコは少年たちを集める家を見つけることができなかった。しかし彼はあきらめない。野外の、ひとけのない広場や牧草地に彼らを集めて、カテキズムを教えた。人びとは見に来たが、ある人はあざ笑い、ある人は同情した。

　「あの神父は何者なのか。」

　「ドン・ボスコだよ、いつも少年たちと一緒の。」

　「気の毒に！　いかれているといううわさだ。この大騒ぎでは、しまいに精神病院に行くことになるだろうよ。」

　冬の間（1845年11月から1846年3月まで）は、モレッタ神父の家の3部屋を借り、春には付近の牧草地を借りることができた。

　そこには一つの物置小屋があったので、遊び道具をしまっておくことにした。300人もの子どもたちが走りまわり、羽を伸ばすことができた。ドン・ボスコは片隅にあるベンチに腰かけて少年たちにゆるしの秘跡を授けた。10時にドラムが鳴ると、少年たちは隊列を作る。次にトランペットが鳴り響くと、「コンソラータ（慰めの聖母）聖堂」か、「カプチン会士の丘」へ向かって出発する。ドン・ボスコはそこでミサをささげ、聖体を授けた。

　しかし、時は革命の時代である。隊列を作り、ドラムやトランペットを奏でる300人の若者たちは、ピエモンテの政府に疑惑を抱かせ始めた。

　ミケーレ・カブール侯爵はドン・ボスコを呼び出して、若者

ドン・ボスコ　若者にささげた生涯

コンソラータ教会。この教会でドン・ボスコは2番目の初ミサをささげた。オラトリオの少年たちと何度も通った。ここにはカファッソ神父の遺体が安置されている。

たちの数を制限し、隊列を組んで市内に入ることを絶対に避け、特に危険と思われる者たちを除外するように命じた。ドン・ボスコが拒否したので、カブール侯爵はどなった。

「あなたはこのならず者どもと、どんな関係があるのかね。彼らを家に置いておきたまえ。彼らの責任をとることはない。さもないと、皆の災いの元になるだろう！」

ドン・ボスコは譲らないまま退出した。しかし、その日以来、彼の少年たちが遊んでいる牧草地の周囲を、警察官たちが見張り始めた。

ある日、牧草地に地主たちが現れた。彼らは身をかがめて、300足の靴で容赦なく踏み荒らされた地面を観察し、ドン・ボスコを呼びつけて言った。

「まったく、ここは荒れ地になってしまったぞ！」

35

「こんなに踏み荒らされて、わしらの牧草地はまるで固い道のようになってしまった！」

「神父さん、すまんが、こんな状態では続けられませんな。立ち退いていただきましょう。」

ドン・ボスコにとって、晴天の霹靂だった。さて、いったいどこへ行こうか。あまりにも多くの場所から追い出されたドン・ボスコは、このように書いている。

「あの日の夕暮れ、大勢の子どもたちが遊びまわっているのをながめていました。わたしはひとりぼっちで、力尽き、病に冒されていました。一人その場を離れ、歩きながら、おそらく生まれて初めて、やるせない気持ちでいっぱいになり、涙がこみあげてきました。そして叫びました。『神様、わたしのなすべきことを教えてください。』」

ピナルディの家の絵。建物の左奥の出入口に十字架があるところが納屋。ここを聖堂とした。建物の壁に描かれている水場は現在も残されている。

この言葉を言い終わるやいなや、大天使ではなかったが、一人の男の人が現れた。その人はパンクラツィオ・ソアーヴェという名で、ソーダと洗剤工場の主人であった。

「あなたが『ラボラトリオ（作業所）』の場所を探しているというのは本当ですか？」

「『ラボラトリオ』じゃなくて『オラトリオ』ですが……。」

「どう違うのか、わしにはわかりませんけど、場所ならありますよ。なんだったら見に来てごらんなさい。」

　ドン・ボスコがこの人の後について行くと、200メートルも離れていない場所に、フランシス・ピナルディという人が所有している細長い粗末な家があった。そのそばには、狭い空き地があった。ドン・ボスコは急いで少年たちのところに戻って叫んだ。

「やったぞ、喜べ、子どもたち！　オラトリオを見つけたぞ！　聖堂も、学校も、走ったり遊んだりする運動場もそろっているオラトリオがじきにできるんだ。今度の日曜日に行こう。ほら、あそこがピナルディさんの家だ！」

　それは1846年4月5日のことであった。次の日曜日は復活祭[*9]に当たっていた。

二人の神父が精神病院に

　ドン・ボスコがフランシス・ピナルディから借り受けた家

---

*9　復活祭：イエス・キリストが復活されたことを思い起こし、祝う祭り。「イースター」とも呼ばれる。

は、いわば一軒の物置にすぎなかった。奥行15メートル、幅6メートルの、ピナルディの家の北側に寄り添った建物で、少し前に建てられて、帽子屋の仕事場と洗濯屋の倉庫として用いられていた。そのそばには、少し離れたところにあるドーラ川にそそぐ運河が流れていた。

「ここに聖堂を建てましょう」とドン・ボスコは言った。「すぐに職人を呼ばなければならない。」

左官屋が来て、地面を掘り下げ、壁と屋根を補強した。それから大工が土間に床板を張った。ドン・ボスコの少年たちも、多くは左官屋の少年たちだったので、わずかな自由時間に手を貸しにやってきた。

土曜日の夕方、建物はすっかり新しくなった。ドン・ボスコは新しい小聖堂に祭具とランプとろうそくを整えた。

復元された現在のピナルディ聖堂。天井が低かったため、ドン・ボスコが50cm程床を掘り下げてもらった。

ドン・ボスコ　若者にささげた生涯

　そして、早くも借金の重みを感じ始めたのだった。その重みは、生涯の終わりまでつきまとうだろうが、彼は神がいつも助けてくれると信じていた。
　4月12日の復活祭の朝、町中のありとあらゆる鐘が祝いの音色で鳴り響いていた。ピナルディの小屋のそばには一つの鐘もなかったが、ヴァルドッコの下町には少年たちを待っているドン・ボスコがいた。
　聖母マリアが彼に道を開いてくださった今、ドン・ボスコは遠い未来のことを確信し、思い巡らしている確実なプロジェクトを友人の司祭たちに語っていた。
「学校、作業場、事務室を建てましょう。わたしにはもうそれらが存在するかのように、全部見えているのです。」
　初めのうち友人たちは、好奇心をもって耳を傾けていた。しかしやがて、ある者たちは首を振りながら言い始めた。
「ドン・ボスコは強迫観念にとりつかれている。今に気がふれてしまうだろう。」
「あまり手遅れにならないうちに、治療してやらなければならない。」
　尊敬すべき先輩であり、オラトリオ事業の右腕であった神学者ボレル師までも、ドン・ボスコのことを疑い始めた。
　ある日、ドン・ボスコが彼に将来の計画を熱心に話していたとき、ボレル師はドン・ボスコを抱きしめ、わっと泣き出して叫んだ。
「気の毒なドン・ボスコ！　本当に気がふれてしまったのだ！」
　ドン・ボスコの二人の友人、ポンツァーティ神父とナージ

神父はついに、内緒で彼を精神病院に入れる手はずを整えた。

　ある日の夕方、数人の少年たちにドン・ボスコがカテキズムを教えていたときに、馬車が来た。ポンツァーティ神父とナージ神父が降りてきて、ドン・ボスコに、一緒に散歩に行きましょうと誘った。

　「あなたはお疲れのようです。少し外の空気を吸うといいですよ。」

　「喜んで行きますよ。帽子を持ってきましょう。」

　二人の友人のうちの一人が馬車の戸を開けた。

　「どうぞ、お乗りなさい。」

　「ありがとう、あなたがたからお先にどうぞ。わたしは後から乗ります。」

　二人はちょっと目を見合わせたが、計画が台無しにならないために、先に乗ることにした。ところが、二人が中に入ったとたん、ドン・ボスコは外から戸をすばやく閉めて、馬車に命じた。

　「精神病院へ、大至急！　このお二人をあちらでお待ちかねだから。」

　馬車は、近くの精神病院に向かって矢のように出発した。一人の神父が来るという知らせを受けて待ちかまえていた看護人たちは、二人の神父が着くのを見た。この不運な彼らを救うためには、精神病院付き司祭の仲裁を求めなければならなかった。

　この日以来、ドン・ボスコはだれからもわずらわされることがなくなった。

40

ドン・ボスコ　若者にささげた生涯

見習い少年たちの奇跡

　トリノの左官屋たちは、いつもとは違う光景を見るようになった。一人の神父がスータン（司祭の服）のすそをからげて、石灰の入ったバケツや煉瓦の山の間で、足場の上に登っていた。それは、さまざまな仕事を手早く片づけて、少年たちを見つけにいく、ドン・ボスコであった。

　少年たちにとっては大きな喜びであった。遠い村々からトリノにやって来て、左官屋の見習いのような職を求めていた彼らは、しばしば欲張りな主人の手にかかって情け容赦もなく搾取されていた。ドン・ボスコは彼らを愛し、助けの手を差し伸べる、唯一の人であった。

　しかしドン・ボスコは、彼らに会いに行くために仕事場に行くことだけでは満足しなかった。主人のところにも、しばらく話をするために立ち寄っていた。給料はどのくらいか、休み時間を与えているか、日曜日にミサに行かせているか、などを知ろうとしていた。ドン・ボスコは当時のイタリアで若い見習いの少年たちのために、規則的な労働契約を要求し、これらを雇い主たちに守らせるために監視する、最初の一人であった。

　しかし、ドン・ボスコはたった一人であった。一人の人間の力には限界がある。

　1846年7月のある日曜日、500人の腕白少年たちにゆるしの秘跡を授け、説教し、楽しく遊ばせて、疲れきった1日が暮れて自分の部屋に戻ったとき、ドン・ボスコは気を失い、ベッドに運ばれた。喀血を伴う重い肋膜炎にかかっ

41

ていた。その夜彼は、高熱に冒された。

左官屋の幼い少年たちに、若い機械工の仕事場に、悲しいニュースは電光のように伝わった。

「ドン・ボスコが死ぬ。」

その晩、ドン・ボスコがベッドに横たわっている狭い部屋に、貧しい少年たちの一団がおずおずと入って来た。仕事で汚れた顔、石灰にまみれた顔のまま、夕食もとらずにここに駆けつけてきたのだった。

彼らは泣きながら、祈っていた。

「神様、ドン・ボスコを死なせないでください。」

ドン・ボスコは8日間、生死の境をさまよった。この8日の間少年たちの中には、神からドン・ボスコの回復をもぎとろうと、焼けつく陽射しの下で、一滴も水を飲まずに働いた者が何人もいた。コンソラータの大聖堂には左官屋の見習いたちが、順番に、昼も夜も聖母マリアの御絵の前にひざまずいて祈っていた。12時間の労働の後なので、ときどき目は眠気に襲われて閉じてしまったが、ドン・ボスコが死なないようにとがんばった。

ついに、父なしにはいられないこの子どもたちに、聖母マリアは恵みをとりなしてくださった。

7月の末の日曜日の午後、杖にすがって、ドン・ボスコはオラトリオに向かって歩き出した。少年たちは彼に会いに飛んできた。年長の少年たちは、大きな椅子の上に彼を座らせ、肩にかついで、凱旋のように中庭まで運んできた。ドン・ボスコの小さい友人たちは歌いながら泣いていた。そしてドン・ボスコも泣いていた。

小聖堂に入ると主に感謝の祈りをささげ、しばしの静けさの後に、ドン・ボスコは少し話すことができた。
　「わたしの命は君たちのおかげです。約束する。今から後、わたしの命すべてを君たちのために使おう。」
　毎日息の詰まるような暑い夏の間、ドン・ボスコは静養のため、故郷のベッキに帰った。
　しかし、腕白少年たちには約束していた。
　「木の葉が落ちるころには、ここに、君たちのところに、また帰って来ますよ。」

500人の子どもたちに一人のお母さん

　1846年11月3日、木の葉が秋の風に舞い落ちていた日のことであった。ドン・ボスコはトリノに向けて出発した。一人ではない。マンマ・マルゲリータを連れていた。彼の子どもたち皆のお母さんになるために、マンマ・マルゲリータは彼と一緒に暮らすことを引き受けたのだった。
　二人の巡礼者は長い道のりを歩いた。マンマ・マルゲリータは、自分の全財産、わずかな衣類と少しの食べ物を入れたバスケットを、腕に下げていた。
　ようやくオラトリオに近づいたとき、ドン・ボスコの友人の司祭が二人を見て、あいさつに来た。そして彼らがほこりにまみれ、疲れているのに気づいた。
　「お帰りなさい、ドン・ボスコ。具合はいかがですか？」
　「治りましたよ。ありがとう。」

「これからどこにお住まいになるのですか?」

「ここです。ピナルディの家です。3部屋借りたのです。わたしの母も来ました。」

「資産もなしに、いったいどうやってお暮らしになるのですか?」

「わたしもまだわかりません。でも神がはからってくださるでしょう。」

「相変わらずですね。」

神父は頭を振って小声で言った。そしてポケットから時計を出して、ドン・ボスコに渡してこう言った。「わたしが金持ちなら助けてあげたいんですが。」

マンマ・マルゲリータはドン・ボスコより先に自分の新しい家に入った。三つの小さな部屋、二つのベッド、二つの椅子、そしていくつかの空き箱があるだけだった。彼女は努

ピナルディの家にマンマ・マルゲリータを連れてきたドン・ボスコ

44

ドン・ボスコ　若者にささげた生涯

めてほほえみ、ドン・ボスコに言った。

「ベッキでは部屋を整頓するのに忙しかったし、家具の手入れや鍋を洗うのがたいへんだったけど、ここではあまりやることがなさそうだね……。」

そしてにこにこしながら働き始めた。ドン・ボスコは壁に十字架と聖母マリアの額をかけた。マンマ・マルゲリータは夜のためにベッドを準備し、母と息子は一緒に歌い始めた。

「世間に知られてたまるもんですか。あたしらが文無しのよそ者だなんて。」

ステファノ・カスターニョという少年がその歌声を聞きつけ、さっそくヴァルドッコの少年たちの口から口へとこのニュースは伝わった。

「ドン・ボスコが帰ってきたぞ！」

「ぼくはみなし子で、バルセジアから来ました」

母と一緒にいる今、ドン・ボスコは、子どもたちのために何かもっとできることはないかと考えていた。数人の子どもには、泊まるところがなかった。彼らはよその家のポーチの下か公共の貧者宿泊所に泊まるのだった。そこでドン・ボスコは、最も困難な状況にある者たちを自分の家に引き取ることを思いついた。

最初の経験は失敗に終わった。数人の若者を集めて、干し草置き場に寝床を整えて寝かせたが、翌朝見に行ってみると、そこにはだれもいなかったばかりか、マンマ・マ

45

ルゲリータが貸した毛布を持ち逃げされてしまったのだった。しかし、ドン・ボスコは失望しなかった。

5月の、雨のひどく降るある晩のこと、ドン・ボスコが母と夕食を終えると、間もなくだれかが戸をたたいた。15歳ぐらいの少年がびしょぬれになって戸口に立っている。

「ぼくはみなし子で、バルセジアから来ました。仕事を探しに来たのですが、まだ仕事が見つからないんです。寒くて、どこに行ったらいいのか……。」

「お入り」とドン・ボスコは言った。

「火のそばに来なさい。こんなにぬれていたらたいへんなことになるよ。」

マンマ・マルゲリータは、少年に簡単な食事を準備してやり、それから尋ねた。

「今から、どこへ行くつもり?」

少年はわっと泣き出した。

「わかりません。トリノに来たとき、3リラ持っていたけど、全部使ってしまったんです。お願いです。ぼくを追い出さないでください。」

マンマ・マルゲリータは、以前に毛布を持ち去られたことを思い出した。

「お前を泊めてあげてもいいけど、お鍋なんかを持ち逃げしないだろうね。」

「ええ、おばさん、ぼくは貧乏だけど、人の者を盗んだことは一度もありません。」

ドン・ボスコは雨の中を外に出て、煉瓦をいくつか集めて来て、その上に4つの足台をすえ、板を渡した。それから、

ドン・ボスコ　若者にささげた生涯

自分のベッドからわら布団を持ってきて、上に置いた。

「君、ここに休みなさい。必要がなくなるときまでここにいていいよ。ドン・ボスコは君を追い出さないからね。」

この少年は、ドン・ボスコのもとに身を寄せた孤児の第1号になった。その年の末には、孤児は7人になった。このようにして、将来は数千人になるのである。

ある日、ドン・ボスコは床屋に入った。見習いの少年が彼の顔に石鹸をつけに来た。

「君の名は何ていうの？　年はいくつ？」

「カルリーノ。11歳です。」

「えらいね、カルリーノ君。石鹸をじょうずにつけてくれたまえ。お父さんはお元気かね？」

トリノ・ヴァルドッコにあるドン・ボスコの家（中央）。
3階にはドン・ボスコの部屋が、左の建物には若者が泊まる部屋があった。

「死にました。お母さんがいるだけです。」

「かわいそうに。わたしも悲しいよ。」

少年は石鹸をつけ終わった。

「さあ、君はじょうずだから、かみそりを持ってきて、ひげを剃ってくれたまえ。」

これを聞いた主人が駆けつけ、忠告した。

「神父さん、とんでもない！　こいつはまだできませんよ。石鹸をつけるのがやっとなんですから。」

「でも、だれでも最初は、いつかやり始めなければならないでしょう。わたしで試してみなさい。がんばれ、カルリーノ！」

カルリーノは木の葉のようにふるえながら、ドン・ボスコのひげを剃った。かみそりをあごのまわりに当てると、汗びっしょりになった。ときどき強く当て過ぎたり、傷つけたりしたが、とうとう終わった。

「えらいぞ、カルリーノ！」

ドン・ボスコはにっこりした。

「さあ、今から君はぼくの友達だ、ときどきわたしを訪ねに来てくれたまえ。」

夏になって、ドン・ボスコは床屋の近くで泣いている彼を見つけた。

「どうしたの？」

「お母さんが死んだんです。そして、店の主人がぼくをやめさせたんです。どこに行けばいいのかわかりません。」

「わたしと一緒に来なさい。わたしは貧しい神父に過ぎないけど、一切れのパンしかないときでも、君と半分こしま

ドン・ボスコ　若者にささげた生涯

すよ。」

　マンマ・マルゲリータはもう一つのベッドを整えた。カルリーノ・ガスティーニは5年以上オラトリオに滞在（たいざい）した。明るく、活発で、祝い日のたびに、すばらしい司会者になって、みんなを笑わせていた。しかし、ドン・ボスコのことを話すときには、幼児のように泣き、いつもこのように言っていた。
　「ドン・ボスコは本当にぼくを大切にしてくれました。」

廊下（ろうか）で靴屋（くつや）　台所で仕立（した）て屋

　1848年、第一次独立戦争が始まった。戦場では何千、何万もの男たちが倒（たお）れ、トリノの路上には、家もなく将来のあてもない孤児たちがうろつき始めていた。
　ドン・ボスコは自分の家を拡張した。金持ちの家の戸をたたき、貴族の邸宅（ていたく）の貴婦人たちにしつこく寄付を願った。そして、行くあてもない見捨てられた子どもたち皆のために、もっと大きな家を建てるためのお金を集めた。
　彼が保護した少年たちの多くは、賢く知恵のある子どもたちだった。それにもかかわらず、生きるために職人として働くことを余儀（よぎ）なくされていた。そして職人として生涯を終えると思われていた。
　ドン・ボスコはこの予想をくつがえし、夜学の講座を開いた。友人の司祭たちや、教えることがじょうずな人たちを招き、空いている片隅（かたすみ）があれば、台所、香部屋、小聖堂の聖歌隊席など、どこでも授業をした。

49

さらに、夜、皆が休んだ後、ドン・ボスコは少年たちのために本を書いた。内容がやさしく、値段が安くて、トリノの多くの学校で採用される、たくさんの教科書を書いたのだった。

 しかし、オラトリオの中庭いっぱいに集まった少年たちは、多すぎるほどになった。そこでドン・ボスコは２番目のオラトリオをつくろうと考えた。

 「愛する子どもたち。蜜蜂は、一つの巣に増えすぎると、他の所に分かれて行きます。そこで、わたしたちも蜜蜂のまねをしましょう。２番目の家族をつくり、第二のオラトリオを開きましょう。」

 第二のオラトリオはポルタ・ヌオヴァの近くに開かれ、「聖アロイジオのオラトリオ」と名づけられた。しかしここも、まもなく少年たちでいっぱいになったので、ドン・ボスコは

トリノ・ヴァルドッコにあるドン・ボスコの執務室

ヴァンキリアの地区に3番目を設立し、「守護の天使のオラトリオ」と名づけた。

1851年2月2日は、ドン・ボスコにとって輝かしい日だった。大きな愛をこめて教え導いた見捨てられた少年たちの中の4人が、「ドン・ボスコのようになりたい」、つまり、司祭になりたいと願い出ていたのである。ロンバルディアから移住してきた左官屋の少年ジュゼッペ・ブゼッティ、床屋で木の葉のようにふるえながらドン・ボスコのひげを剃ったカルリーノ・ガスティーニと、他の二人の少年、ジャコモ・ベリアとフェリーチェ・レヴィリオだった。その日、彼らは神学生の服を身に着け、小さい仲間たちの世話をするために、ドン・ボスコの手助けをし始めたのである。

1852年にドン・ボスコはピナルディの古い家を拡張し、新しい大きな建物を建てさせた。ますます増えていく勤労青年と学生たちを収容しなければならなかったからである。

初期の、まだ若い神学生たちの助けによって、ドン・ボスコは大胆(だいたん)で大きな計画に身を投じた。3年間（1853年から1856年）に靴製造と裁縫(さいほう)、製本、大工の作業所を開設した。それらはゼロから始まった。靴造りのためには狭い廊下に何台かの仕事台、裁縫のためには台所に二つの小さな机を置いた。ドン・ボスコ自身が最初の裁縫の先生となり、また同じように靴造りの仕事台に座って、自分の子どもたちの前で、靴底をハンマーでたたくことを最初に教えたのだった。こうして最初の種は芽を出し、やがて大木に成長していくことだった。

ドン・ボスコはいったいどこから少年たちのパンを買った

1880年頃のオラトリオの製本所（職業訓練学校）

り建物を造るためのお金を手に入れたのだろうか。これを聞かれると聖人はただ一言、こう答えていた。

「神の摂理*10です。」

神は恩人たちを送り、信仰深い人たちに勧めて、寄付金を同封した手紙を届けさせてくださった。

ときには神ご自身が、奇跡をもって介入された。1849年に、ジュゼッペ・ブゼッティはそれを目撃したのだった。ドン・ボスコは自分の400人の少年たちに、ゆで栗をあげる約束をしていた。しかし、マンマ・マルゲリータは事情をよく知らなかったので、3、4キログラムの栗をゆでただけだった。ドン・ボスコは一度に10個くらい入る大きなひしゃくで、かごから栗をすくい、分け始めた。それでも栗は全

---

*10 神の摂理：神が特に人間に対して父の心をもち、霊魂とからだとにかかわるすべてのことを、特別に計らわれる、ということ。

52

ドン・ボスコ　若者にささげた生涯

員にいきわたり、ドン・ボスコにも十分あった。ブゼッティは事情を知っていたので、行われる奇跡を、近くから目を見張って眺め、最後に自分の分け前を受け取ったのだった。

神が送った犬

　ヴァルド派のプロテスタント[*11]は強力な経済的援助によって、トリノの貧しい人たちの中に、多くの支持者を得ようとしていた。当時は「対話」の時代ではなく、カトリックとプロテスタントの間では激しい対立と闘いがあった。

　ドン・ボスコは山のような仕事を負いながらも、1853年に『カトリック講話集』を創刊した。それは手軽で読みやすく、カトリック信者たちの信仰を奮い立たせ、強化する、小冊子のシリーズであった。

　ドン・ボスコは、それをいつ書いたのだろうか。夜である。わずかな睡眠しかとらないのがドン・ボスコの習慣になっていた。

　『カトリック講話集』はプロテスタントの怒りを買ってしまい、ドン・ボスコを亡き者にしようと、あらゆる手段が講じられた。ある晩、年長の青年たちに授業をしていたとき、見知らぬ人が、ドン・ボスコの心臓をねらって、窓から銃

---

*11　プロテスタント：16世紀、カトリック教会に対立し、宗教改革を行ってできたキリスト教の一派およびその信徒。現在はそのような対立関係はない。

53

弾を撃ち込んだ。弾丸は彼の腕と胸の間をヒューっとかすめ、服が裂けただけであった。驚き恐れる学生たちに、ドン・ボスコはにっこりして言った。

「聖母マリアはわれわれを愛してくださる。あれはいちばんへたな狙撃手だったよ。」

それから裂けた服を見て、残念そうにつけ加えた。

「お前さんが残念だよ、わたしの哀れなスータン*12。わたしのたった一つの財産なのに！」

ある日、中庭に、長めのナイフを振りかざした一人の男が怒り狂って入って来て、ドン・ボスコを殺そうと捜し回っていた。幸いにも見つけることができなかったが、すると今度は一人の神学生の後を追いかけ始めた。神学生は助けてくれと叫びながら、必死で逃げたのだった。

警察に知らせたにもかかわらず、この男は3回もやって来て、オラトリオを恐怖に陥れた。

ある晩、ドン・ボスコが家に帰る途中、二人の男が道をふさぎ、いきなり彼の頭にマントをかぶせて倒してしまった。すると突然、灰色の、狼のような鼻面をした大きな犬が現れた。犬は吠えながら、一人の男の顔を前足で蹴り倒し、次にもう一人も倒した。二人はやっと起き上がると、あわてて一目散に逃げ去った。犬はドン・ボスコのそばに来て、オラトリオの門までドン・ボスコのお供をしてくれた。

ドン・ボスコは語っている。

「夜、わたしが一人で出かけるたびに、木立の間を通る

---

*12　スータン：カトリック教会や聖公会において聖職者の平服に用いられる祭服。

ドン・ボスコ　若者にささげた生涯

とき(当時、オラトリオと町の間には雑草とアカシアの木々の生い茂った田舎道が続いていた)、灰色の犬が現れるのを見ました。オラトリオの子どもたちは、その犬が中庭に入って来るのをたびたび見たのでした。あるとき、二人の子どもは犬をおどかそうとして、石を投げつけようとしました。すると『いじめてはいけない。ドン・ボスコの忠犬だから』とジュゼッペ・ブゼッティが止めました。」

そのころオラトリオに通っていたカルロ・トマチスはこう証言している。

「本当に獰猛（どうもう）な形相（ぎょうそう）の犬でした。マンマ・マルゲリータはたびたび、グリージョ(灰色)と名づけられたこの犬を見て叫んでいました。『ああ、なんてぶかっこうでおっそろしい顔の犬だろう!』まるで狼みたいでした。」

ある晩ドン・ボスコは、急用のため一人で出かけなければならなかったが、入口には例のグリージョが寝そべっていた。ドン・ボスコは追い払おうとしたり、乗り越えようとしたりした。ところが犬は歯をむき出して吠え、ドン・ボスコを後ろに押し戻した。マンマ・マルゲリータは、このときはこの犬のことがわかっていたので、ドン・ボスコに言った。

「わたしの言うことを聞かないなら、せめてこの犬の願いを聞いて、出かけるのをよしなさい。」

翌日ドン・ボスコは、ピストルを持った殺し屋が曲がり角で自分を待ちかまえていたことを知った。

母マルゲリータとドン・ボスコ。後ろには聖フランシスコ・サレジオ聖堂が描かれている。犬はドン・ボスコを危険から守ったグリージョ。

玄関の階段前には、グリージョという灰色の大きな犬がよく現れた。1階入口の右側の部屋には、ドン・ボスコの母マルゲリータが住んでいた。

ドン・ボスコ　若者にささげた生涯

トリノの道ばたに死の訪れ

　1854年7月のこと、恐ろしいニュースがトリノ中をかけめぐった。コレラがリグリア州に流行して、ピエモンテ州の低地の村々に広がっているという。国王と王妃、および王家の一族は幌をかけた馬車で宮廷を逃げ出し、人里離れたカセレッテのカイス侯爵の城に避難した。

　トリノ市の周辺では、その間、7月30日、31日に、この伝染病の最初の発生が確認された。

　8月5日、市内で最も多い感染者の出た地区は、ヴァルドッコを含むボルゴ・ドーラであった。毎日、100人以上の患者が死に瀕して、家々や病院に横たわっていた。

　市長は、司祭たち、修道士・修道女たちに、悲痛な呼びかけをした。隔離病院には医師も看護人たちも不足していて、患者たちは死んでいく。命を救うために、善意の人びとが必要である、と。

　その夜、ドン・ボスコはオラトリオの青年たちに話した。

　「市長は呼びかけられました。大きい青年の中で、わたしとコレラ患者の世話をしに病院や家々に行こうと思う人は、主のみ心にかなう善行を一緒にやりましょう。わたしは君たちに保証します。皆が神の恩恵を大切にし、一つの罪も犯さないならば、君たちの中で一人もコレラにかかる人はいないでしょう。」

　この日の夜、年長の少年たちの中から14人が名乗り出た。2、3日後に、この他30人が、まだ非常に若いのに志願して、許可を得ることができた。

57

ドメニコ・サヴィオ

コレラ患者たちの世話は、重労働で、しかも少しも楽しいものではなかった。医師たちは、少年たちに、病気の初期に患者の足をマッサージするように頼んだ。それは汗びっしょりになる仕事だった。

この44人のボランティアは、1か月以上働きづめだったが、ドン・ボスコは皆に手本を示していた。いつでも駆けつけ、勇気づけ、病者の塗油*13の秘跡*14を授けに行くのに備えていた。

秋の初めの雨とともに、コレラ患者は減少していった。11月21日、「非常事態解除」が宣告された。

しかし、冬の初めのころ、ふたたび発生することがあった。10月29日にオラトリオに来たモンドニオ出身の少年、ドメニコ・サヴィオ*15の聖性の光が輝いたのは、まさにこの

*13 病者の塗油：危険な様態にある病気の信者の苦痛がやわらげられ、救いが与えられるよう、司祭が病者に油を塗り、典礼書に規定された文書を唱えることによって授けられる秘跡。

*14 秘跡：カトリック教会の用語。目に見えない神の特別な恵みが、経験可能なしるしによって与えられること。7つの秘跡（洗礼、堅信、聖体、ゆるしの秘跡、病者の塗油、結婚、叙階）がある。

*15 ドメニコ・サヴィオ：1842～1857年。イタリア生まれの聖人。15歳の若さで亡くなったが、ドン・ボスコのもとで明るく振る舞いながらも犠牲に励み、聖母の信心会を結成するなど、若者の模範になっている。

58

ドン・ボスコ　若者にささげた生涯

ときであった。

　ある晩、ドメニコはコットレンゴ通りを歩きながら、一軒の家の正面をじっと見た。そして、ある声に呼ばれるかのように、階段を急いで上がって行った。迷うことなく一つの扉をたたくと、その家の主人が顔をのぞかせた。ドメニコは言った。

「すみません。ここに看護の必要なコレラ患者が一人いるはずですが……。」

　この家の主人は目を大きく見開いた。

「いやいや、ここにはだれもいないよ。他の家と間違えたんだろう！」

「でも……。本当ですか？」

「本当だとも、何を言ってるんだ！」

「ぼくの間違いだとしても、ちょっと中を見せていただけませんか。」

　主人はとても驚いた。彼は、自分の家族は神のお恵みによって皆元気であるのをよく知っていたからだ。しかし、この少年は、まるでコレラ患者がいるかのようにしつこく言う。

「お入り、お入り。そんなに言うなら見せよう。でも君は間違っているよ。」

　部屋や台所、倉庫を見回ったが、病人などどこにも見当たらなかった。

「ほかに小さな部屋とか、屋根裏部屋はないですか？」

「ああっ、そうだ！」

と主人は言って、額を手でたたいた。

「物置部屋だ！　おいで！」

二人は屋根裏のみすぼらしい小さな部屋に上がった。隅の方に、苦しみに顔をゆがめてうずくまり、死にかけているあわれな女の人がいた。

「早く、神父様を呼んでください！」

ドメニコはそうささやいて、女の人をすばやく手当てした。

「まあ、なんてことだ、なんてことだ！」

家の主人は、神父を呼びに行こうと階段をかけ下りて行く途中、何度もこう繰り返していた。そして、朝早く仕事に出かけ、夜遅く戻ってくるあの気の毒な女性が、以前、物置小屋で寝泊まりさせてくれないかと尋ねてきたことを思い出した。主人はそれをすっかり忘れていたのだった。

司祭がやって来て、このあわれな瀕死の女性に、病者の塗油の秘跡を授けることができた。

隅のほうで、帽子を手にした家の主人は、何度も自分に問いかけていた。

「いったい、あの少年はどうしてわかったのだろうか。」

冬も深まってくると、コレラはすっかり影をひそめた。町はふたたび息を吹き返した。

大きな計画の実現

最初の神学生の４人のグループは、今や大きくなっていた。そこでドン・ボスコは、自分にとって大きな計画を実現するときが来たと実感した。引き続く数年は、精力的な働

ドン・ボスコ　若者にささげた生涯

きと、ますます困難になる諸問題と、その時代に挑戦する種々の事業に没頭することになる。

　1859年12月18日のこと、ドン・ボスコの小さな部屋で、「サレジオ会員」が誕生した。ドン・ボスコの後に続いた最初の17人の若者が、貧しい子どもたちに生涯をささげるために「サレジオ会」に結ばれることを受け入れたのである。

　1860年7月30日、ミケーレ・ルア神父は祭壇に上がって初ミサをささげた。彼こそ、かつてドン・ボスコがドーラ川のほとりのムリーニで彼に出会ったとき、自分と半分こしようと約束した、あの色白の少年だった。彼は今も将来も、ドン・ボスコの代理、その忠実な写しとなるのである。

　1864年4月、ヴァルドッコの牧草地で、ドン・ボスコは扶助者聖マリア大聖堂の定礎式を行った。建築家の手には、最初の契約金としてわずかなお金が渡された。

1870年、ドン・ボスコ（前列左から4番目）と最初のサレジオ会員

ドン・ボスコの教え子でサレジオ会第2代総長となったミケーレ・ルアの初ミサの場面

　1872年、ドン・ボスコは扶助者聖母会（サレジアン・シスターズ）を創立し、最初のシスターたちに語った。
　「あなたがたは今、貧しくて人数も少ないですが、やがて、どこに入れたらよいか分からないほど大勢の生徒たちをもつようになるでしょう。」
　1875年11月11日、扶助者聖マリア大聖堂に集まった多くの人びとの前で、ドン・ボスコは南アメリカに出発する最初の10人のサレジオ会宣教師たちに十字架を授与した。団長はオラトリオの初期の少年たちの一人、ジョヴァンニ・カリエロ神父である。こうしてサレジオ会宣教事業が誕生し、やがて全世界に広がっていくのである。
　1876年5月9日、教皇ピオ9世は「サレジアニ・コオペラトーリ」を認可された。この協力者たちの会をドン・ボスコは「外部サレジオ会員」と呼んでいる。彼らはドン・ボスコ

62

ドン・ボスコ　若者にささげた生涯

1875年、最初のサレジオ会宣教師団と。前列左端がカリエロ神父、その右がドン・ボスコ。

の事業の友人であり、
青少年の救いのために
働き、財政的な面で
援助する会員である。
死ぬ前にドン・ボスコは
彼らに言っている。

「あなたがたの愛徳
がなかったら、わたし
は少ししか、あるいは

ドン・ボスコ直筆のメモ。内容は「宣教師に与えた20の勧め」。

何も、することができなかったことでしょう。」

　1877年、100人から1000人になった協力者たちの結束を強めるために、ドン・ボスコは「ボレッティーノ・サレジアーノ（サレジオ会会報）」を創刊した。さし絵入りの月刊誌で、サレジオ会のすべてのニュース、世界中で働く宣教師

63

世界各国の『ボレッティーノ・サレジアーノ』

たちの手紙、ドン・ボスコの言葉が掲載してある。この月刊誌は、たちまちすばらしい発展を遂げていった。*16

サレジオ会事業が世界中に広まるにつれ、そのために必要な金額もさらに莫大なものとなっていく。アメリカでの宣教事業を支えるため、見捨てられた何千人もの若者を育成するため、ドン・ボスコは晩年、寄付を願いに、イタリア、フランス、スペインにまで旅をしなければならなかった。気力も体力も消耗させる旅。聖母マリアは、これらの旅行を目に見える形で祝福された。ドン・ボスコの手は、目の見えない人に視力を、耳の聞こえない人に聴力を、病人に健康を取り戻させた。彼は今やヨーロッパ中に「奇跡を行う神父」として知られるようになった。

---

*16 現在、世界130か国、60エディションがある。日本では「ドン・ボスコの風」の誌名として発行している。

64

ドン・ボスコ　若者にささげた生涯

　1887年5月、ドン・ボスコは寄付を願いに最後のローマ旅行をした。ローマにイエスのみ心の大聖堂を建立してほしいとの、教皇の依頼によるものであった。もはや若くない年齢と苦労のために、背も縮んだドン・ボスコは、ミサをささげるためにこの壮大な聖堂の祭壇に上がった。ミサが始まるとまもなく、補佐していたヴィリエッティ神父は、ドン・ボスコが泣き出したのを見た。彼はミサの間ずっと、抑え切れずに長いこと涙を流していた。しまいには、香部屋に運ばなければならないほどだった。ヴィリエッティ神父は心配して、ささやいた。

「ドン・ボスコ、どうなさったのですか。具合が悪いのですか？」

　ドン・ボスコは首を横に振った。

「わたしは目の前に、生き生きと、あの9歳のときの、わたしの最初の夢の場面を見たのです。わたしが夢で見たことについて、母と兄たちが言いかわしている姿を実際に見て、その声を本当に聞いたのです……。」

　はるか昔のあの夢の中で、聖母マリアはドン・ボスコに言われたのだった。

「そのときが来れば、すべてがわかるでしょう。」

　今、生涯を振り返ってみて、彼にはすべてがわかったと思われた。たくさんの青少年を救うための、多くの犠牲、多くの働きは、すべて神から導かれたものだったのだ。

　1888年1月31日、病床をとりかこんで父を見守るサレジオ会員たちに向かって、ドン・ボスコは最後にささやいた。

「皆に善を行い、だれにも悪を働かないように！　……

わたしの子どもたちに言ってください。天国でみんなを待っています、と。」

ドン・ボスコ　若者にささげた生涯

1888年1月31日、天に召された直後のドン・ボスコ。享年72歳。

ドン・ボスコ　年譜

1815年（0歳）	8月16日、サルデーニャ王国ピエモンテ地方（北イタリア）のベッキ村で生まれる。
1817年（1歳）	父を急病で失う。母マルゲリータと兄弟3人の貧しい農家で学校には通えず。
1824年（9歳）	子どもたちを導いてゆく将来を示す夢を見る。
1831〜35年（16〜20歳）	キエリで下宿し、働きながら中学・高校に通い猛勉強する。
1835〜41年（20〜25歳）	神父になるためキエリの神学校で学ぶ。
1841年（25歳）	カトリック司祭に叙階され「ドン・ボスコ」（ボスコ神父）と呼ばれるようになる。トリノの路上をさまよう少年たちと出会い、オラトリオを始める。
1843年（28歳）	働く少年たちのために夜間教室を始める。オラトリオの場所はその後転々とする。
1845年（30歳）	4月、トリノのヴァルドッコ地区にあるピナルディ氏の小屋を借り、オラトリオ定住の地となる。7月、過労により重病に陥り、ベッキで長期療養する。11月、母マルゲリータを連れてオラトリオに戻る。
1847年（32歳）	身寄りのない少年のために寮を始める。
1853年（38歳）	職業学校を始める。工房や印刷所もかまえ、月刊誌「カトリック講話集」を創刊する。
1854年（39歳）	4人の若者にサレジオ会の設立を提案する。夏、トリノでコレラが大流行し、オラトリオの少年は感染者の看病に尽力する。
1857年（42歳）	ドメニコ・サヴィオが15歳で病死。

1859年（44歳）	17人の教え子たちと共に、青少年の魂の救いのために生涯をささげる「サレジオ会」を創立する。
1860年（45歳）	教え子ミケーレ・ルアが最初のサレジオ会司祭となる。
1868年（53歳）	トリノの扶助者聖マリア大聖堂を完成し、献堂式を行う。
1872年（57歳）	サレジオ会の姉妹会「扶助者聖母会（サレジアン・シスターズ）」を創立する。
1875年（60歳）	最初の宣教師団を南米アルゼンチンへ派遣する。最初の宣教師団長はジョヴァンニ・カリエロ神父。
1876年（61歳）	社会でサレジオ会の霊性を生きる協働者の会、サレジアニ・コオペラトーリを創立する。
1888年（72歳）	1月31日、神のもとに召される。

＊　＊　＊

1888年	ミケーレ・ルア神父、サレジオ会第2代総長となる。
1926年	チマッティ神父が8人のサレジオ会員とともに来日。
1934年	ドン・ボスコはカトリック教会から聖人の称号を受ける。

ドン・ボスコとその教育をもっと知るために

··【書籍】··

ドン・ボスコガイドブック

サレジオ会日本管区編　浦田慎二郎監修
A5判　151頁
オールカラーでイラストや写真も豊富な、ドン・ボスコのハンディなムック本。

完訳ドン・ボスコ伝

テレジオ・ボスコ著　サレジオ会訳
A5判　540頁
ドン・ボスコについての最新の歴史研究・資料をもとに執筆された伝記の待望の完訳版。

オラトリオ回想録

ジョヴァンニ・ボスコ著　アルド・ジラウド解説・注釈
石川康輔訳/浦田慎二郎編訳
A5判　329頁
ドン・ボスコが教皇ピオ9世の命により執筆した半生の回想録。最新の研究による新訳と解説・注釈付き。

青少年の友　ドン・ボスコ

キャサリン・ビーブ著　野口重光訳
新書判　221頁
親しみやすいエピソードを中心に紹介するドン・ボスコのわかりやすい伝記。小学校高学年から大人まで。

心が強く優しくなる
ドン・ボスコのことば100

サレジオ会日本管区編　浦田慎二郎監修
文庫判（A6判）　205頁
苦しいとき、勇気づけてほしいとき、道しるべが必要なときに支えとなるドン・ボスコのことば集。

コラッジョ!!　ドン・ボスコの夢は続く

サレジオ会日本管区原作
鈴木ぐり作画　浦田慎二郎監修
A5判　206頁
現代の高校生リクとマナが、不思議な子犬に導かれ、ドン・ボスコに出会う。オリジナルまんが作品。

若者を育てるドン・ボスコのことば

ガエタノ・コンプリ編著
四六判 237頁
サレジオ会創立者ドン・ボスコが語る、若者がいきいきと育つ教育法の秘訣が満載。

こころの教育者ドン・ボスコの「ローマからの手紙」

サレジオ会日本管区編 浦田慎二郎改訳・監修
四六判 60頁
ドン・ボスコの「ローマからの手紙」と、その教育法のエッセンスを紹介する「読み解きガイド」等を収載。

········· 【DVD】 ·········

ドン・ボスコ

ロドヴィコ・ガスパリーニ監督
日本語吹替版 200分
ドン・ボスコの姿が美しい映像でよみがえる。2004年、イタリア国営放送RAIが2日にわたり放送した作品。

ドン・ボスコ 夢見る少年ジョヴァンニ

ジュゼッペ・ロランド監督
日本語吹替版 45分
少年ジョヴァンニが青少年に生涯をささげる司祭になるまでの道のりを描く。ELLEDICI作品。

お求め・お問い合わせは……

ドン・ボスコ社　TEL 03-3351-7041　FAX 03-3351-5430
オンラインショップ／http://www.donboscosha.com

著者 **テレジオ・ボスコ** Teresio Bosco
　　　カトリック司祭、サレジオ会司祭。
　　　1931年、イタリア・トリノ生まれ。長年にわたり、若者向けに
　　　模範となる偉人伝や聖人伝、信仰教育の著書を多数執筆。

監修 **浦田 慎二郎** うらた しんじろう
　　　1971年生まれ。サレジオ会司祭。
　　　2003年司祭叙階。教皇庁立サレジオ大学大学院霊性神学
　　　博士課程修了、神学博士号取得。専門はドン・ボスコ研究。

訳者 **竹下 ふみ** たけした ふみ

表紙写真: 1886年、初期の会員たちが最もドン・ボスコの姿を表しているという写真。70歳の頃。
裏表紙写真: ©ANS

ドン・ボスコ
若者にささげた生涯 新装改訂版

1997年 4 月 1 日　初版発行
2016年 12 月 8 日　新装改訂版第 1 刷

著　者　テレジオ・ボスコ
監修者　浦田慎二郎
訳　者　竹下ふみ
発行者　関谷義樹
発行所　ドン・ボスコ社
　　　　〒160-0004　東京都新宿区四谷1-9-7
　　　　TEL 03-3351-7041　FAX 03-3351-5430
印刷所　三美印刷株式会社

ISBN978-4-88626-613-2 C0016
（乱丁・落丁はお取替えいたします）